C. Brosch

Manfred Mai • Anja Reichel

Ene mene muh, was denkst du?

Lustige Sprachspiele

Dieses Buch gehört:

____

Manfred Mai

Ene mene muh
Was denkst Du?

Lustige Sprachspiele

Mit Bildern von Anja Reichel

Ravensburger Buchverlag

Die Schreibweise entspricht den Regeln der neuen Rechtschreibung.

3 2 97 98 99

Ravensburger Blauer Rabe

Umschlagkonzeption:
Ulrike Schmidt, Ekkehard Drechsel
Umschlagbild: Anja Reichel
Redaktion: Denise Strauss
Gesamtherstellung: Mohndruck, Gütersloh
Printed in Germany
ISBN 3-473-34081-2

Hinde, Hande, Hundekuchen,
einer von uns wird gleich fluchen.
Piste, Paste, Pustekuchen,
wir sind frei, und du musst suchen!

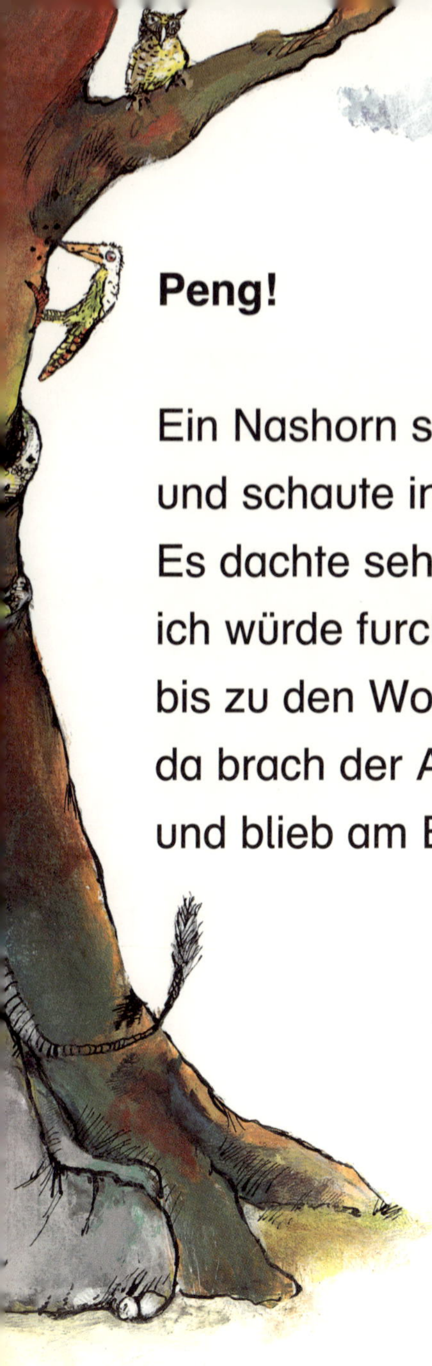

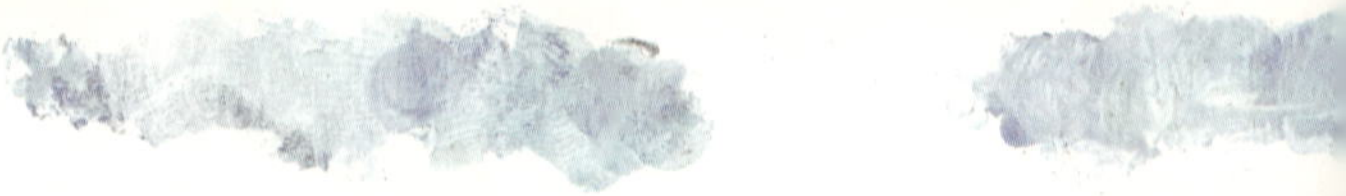

Peng!

Ein Nashorn saß auf einem Baum
und schaute in die Ferne.
Es dachte sehnsuchtsvoll bei sich,
ich würde furchtbar gerne
bis zu den Wolken fliegen –
da brach der Ast, das Nashorn flog
und blieb am Boden liegen.

Dschungelkönig

Ein Affe trank
zwei Flaschen Bier –
hicks!

Und fühlte sich
stark wie ein Stier –
knicks!

Er wollte
Dschungelkönig sein –
schwips!

Und schlief
bei seinen Flaschen ein –
nix!

Was wohl?

Was will wohl Willi Walross?
Winkt Willi wirklich wahllos?
Willi winkt Walli Walross!
Wird Willi Wallis Walboss?

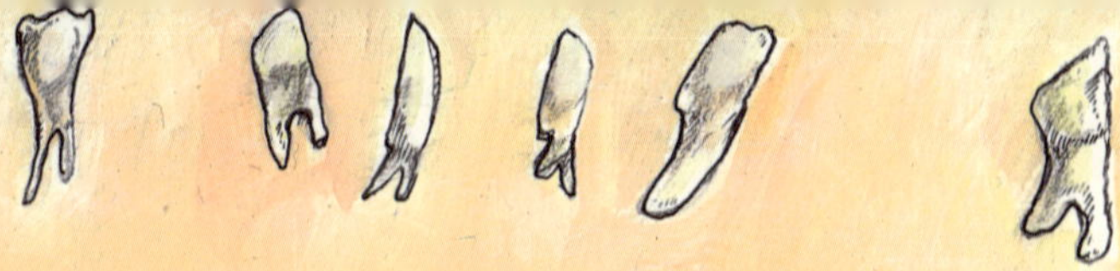

Hau ruck!

Bei einem alten Dackelmann
fängt langsam was zu wackeln an.
Der Dackelmann, der wackelt dran,
und draußen ist der Wackelzahn!

Überraschung

Mille, Molle, Mullenkopf,
was raschelt dort
im Suppentopf?

Es ist der Koch
mit seinem Besen!
Der ist noch nie
im Topf gewesen!

Doch jetzt sitzt er
da drin und lacht –
wer hätte das gedacht?

T 403-7
31 KL 224

Wir fahren

Wir fahren auf der Autobahn,
da fängt der erste Stau schon an.
Papa sitzt auf heißen Kohlen,
denn er kann nicht überholen.
Und schon fängt er zu schimpfen an:
„Fahr nie mehr auf der Autobahn!“
Das sagt er jedes Mal im Stau,
aber ich weiß ganz genau,
dass er das bestimmt vergisst,
wenn der Stau zu Ende ist.

Ene mene muh,
sag mir, was denkst du?
Ene, mene mäh,
schön, dass ich dich seh'.

Ene mene Sauerkraut
deine Braut heißt Edeltraut.
Edeltraut ist ausgerissen,
deshalb wirst du suchen müssen.

Dumm

Aus dunkler Erde kriecht ein Wurm
und sieht gleich ein fremdes Wesen.
„He, du da! Das hier ist mein Platz!
Jch bin vor dir da gewesen."

„Ach, rede nicht so dumm daher!
Was dir gehört, gehört auch mir.
Jch bin ja schließlich nicht umsonst
das schöne Hinterteil von dir!“

Es hat zwei schwache Flügel
und einen roten Kamm.
Mit einem u ist es 'ne Frau,
mit einem a ein Mann.

Außen grün und stachelig,
innen braun und glatt.
Was mag das wohl sein,
das jedes Kind gern hat?

40C

Schnippelschnappel

Der Schneidermeister
Schnippelschnappel
ist ein wahrer Zippelzappel
und vor lauter Bibbelbabbel
schneidet er sich Rippelrappel
in den großen Wibbelwabbel
und dann geht er Trippeltrappel
zu dem Doktor Dibbeldabbel
der macht ihm ’nen Nippelnappel
da lacht der Schneider
Schnippelschnappel

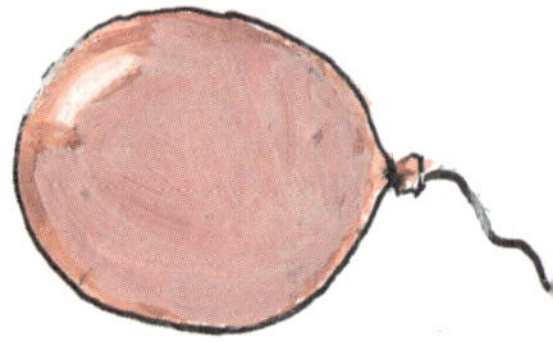

Wie im Märchen

Ein weibliches Bärchen,
ein männliches Bärchen,
die wurden zusammen
ein glückliches Pärchen.

Ein weibliches Bärchen,
ein männliches Bärchen,
bekamen zusammen
ein kindliches Bärchen.

Das kindliche Bärchen,
das tauften sie Klärchen
und lebten zusammen
wie Bärchen im Märchen.

Die Robos

Robomann und Robofrau
surrten durch den Garten.
Sie waren schrecklich aufgeregt
und konnten's kaum erwarten,

bis der Robofachmann kam,
um sie zu reparieren.
Denn beide hatten große Angst,
sie könnten explodieren.

Ein Brüllschwein

Ein Brüllschwein
trottet durch die Gassen,
und niemand wagt es ____________,
anzufassen
denn so ein Tier
verbreitet Schrecken,
weshalb die Leute sich ____________,
verstecken
um vor dem,
ach so wilden Schwein
ganz in Sicherheit zu ____________.
sein

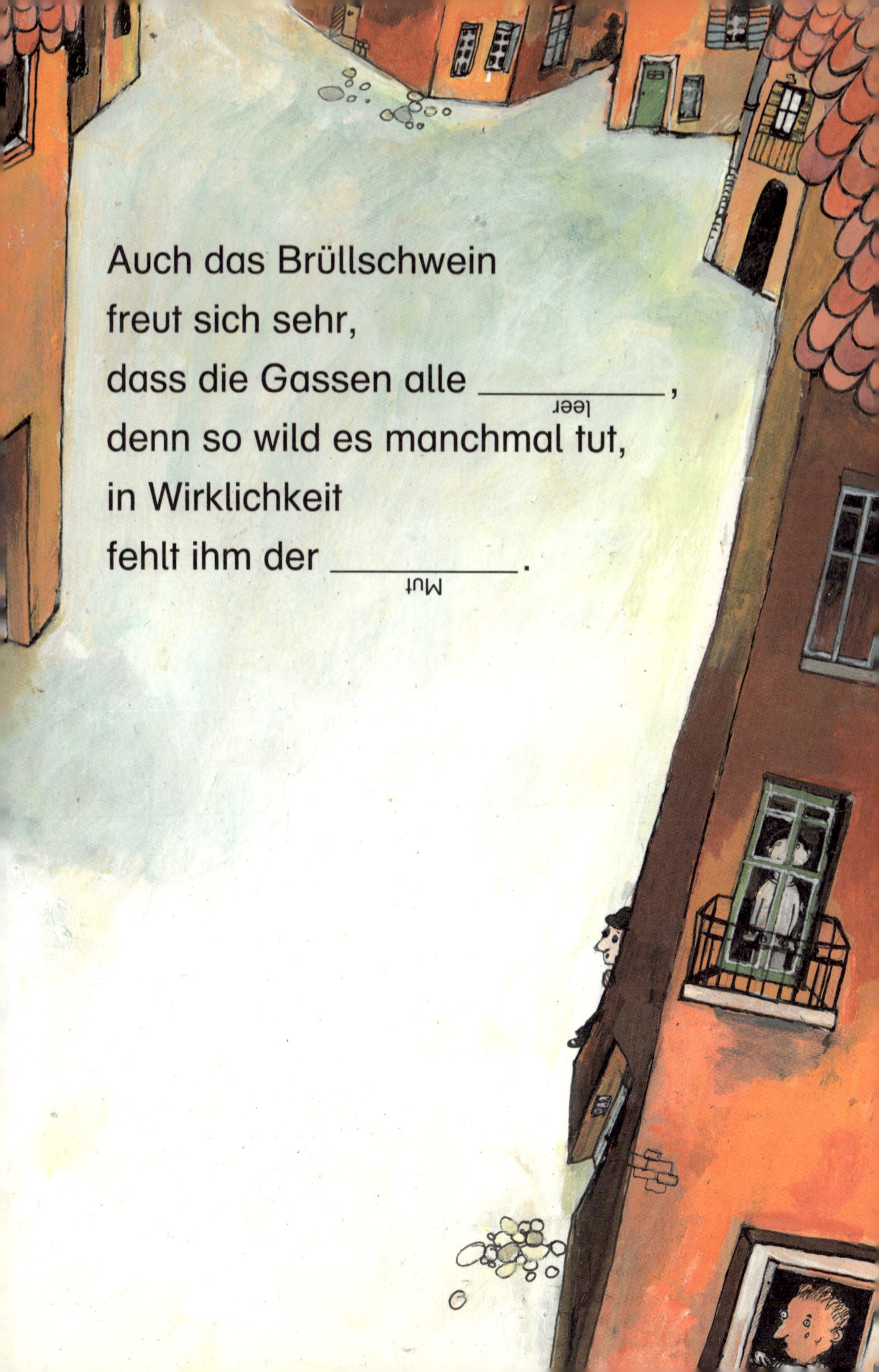

Auch das Brüllschwein
freut sich sehr,
dass die Gassen alle __________,
leer
denn so wild es manchmal tut,
in Wirklichkeit
fehlt ihm der __________.
Mut

Rumpelpumpel

Rumpelpumpel Oberschlumpel
rumpelt hin, rumpelt her,
hat kein Unterschlumpel mehr.

Rumpelpumpel Unterschlumpel
rumpelt da, rumpelt dort,
ist vom Oberschlumpel fort.

Rumpelpumpel Oberschlumpel
rumpelt lang, rumpelt breit,
Unterschlumpel ist schon weit.

Rumpelpumpel Unterschlumpel
rumpelt hier, rumpelt da,
rumpelt nach Schlumpalia.

Eins, zwei, drei,
du bist mit dabei.
Vier, fünf, sechs,
da kommt die kleine Hex'.
Sieben, acht, neun,
die hat ein Hinkebein.
Jetzt fehlt noch die Zehn,
und du musst gehn!

Heile, heile Gummitwist,
ich will nicht,
dass du traurig bist.
Heile, heile Sonnenschein,
du sollst jetzt wieder
fröhlich sein!

Knack!

Jm schönen Wonnemonat Mai
legte Frau Kroko Dil ein Ei.
Vor Freude, dass ihr das geglückt,
hätte sie es fast zerdrückt.

Herr Kroko Dil war auch dabei
und streichelte sein erstes Ei.
Er konnte es noch gar nicht fassen
und keinen Blick mehr
von ihm lassen.

Sie waren glücklich, alle zwei,
für sie war es das schönste Ei,
das je ein Kroko Dil gelegt,
und es wurde gut gepflegt.

Doch eines Tages brach das Ei
mit einem lauten „Knack“ entzwei,
und damit fehlte nicht mehr viel
zu einem neuen Kroko Dil.

Ätsch!

Der Hofhund
sieht das Kätzchen sitzen
und möchte schnell
hinüber ________,
flitzen
um dem Kätzchen
Angst zu machen.

Darüber muss
das Kätzchen ________,
lachen
denn es weiß
seit langer Zeit,
die Kette reicht
gar nicht so ________.
weit

Schneller

Dort liegt Pauline Aligator
und wünscht sich
einen kleinen Motor,
damit sie schneller
schwimmen kann
als ihr Aligatormann.

Muh!

Eine Kuh steht auf der Wiese.
Heißt sie Gretel oder Liese?
Wenn ich sie frage,
ruft sie: „Muh!“,
und hebt auch noch
den Schwanz dazu.

Vorbei

Zehn Kinder
waren nur zu neunt,
da hat das achte
sehr geweint,
denn sieben fand es
gar nicht schön,
drum wollt es
zu dem sechsten geh'n.
Doch standen
nur noch fünf herum.
Das vierte guckte
ziemlich dumm,
weil es das dritte
nicht mehr sah,
das war schon
in Amerika.

Übrig blieben
nur noch zwei,
und eins lief heut'
an mir vorbei.

So!

Ein klitzekleiner frecher Floh
hüpft heute durch den großen Zoo
und landet ganz genau – na wo?
Natürlich auf dem Löwenpo!
Da ruft der Löwe laut: „Oho!“
Das hört der klitzekleine Floh
und zwickt den Löwen in den Po.
So!

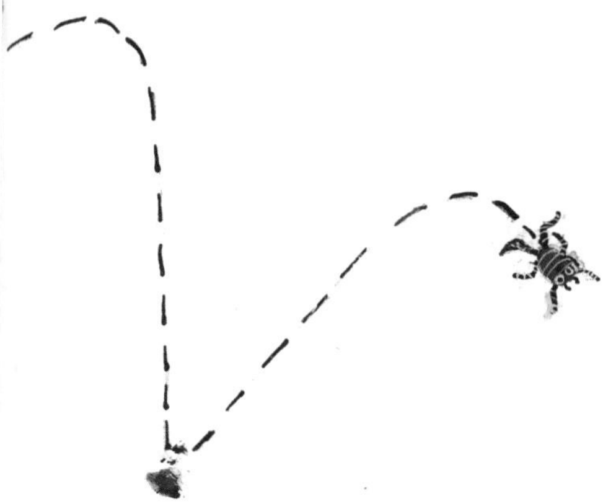

Manfred Mai wurde 1949 in Winterlingen auf der Schwäbischen Alb geboren. Dort hat er zunächst als Maler und Werkzeugschleifer gearbeitet. Später ist er Lehrer geworden, und heute ist er ein sehr erfolgreicher Kinderbuchautor. Er lebt mit seiner Frau und zwei Töchtern dort, wo er geboren ist, und manchmal schreibt er auch so, wie man dort spricht, nämlich schwäbisch. Jm „Blauen Raben" sind von ihm noch viele andere Geschichten erschienen.

Anja Reichel wurde 1970 in Hamburg geboren. Dort hat sie auch an der Fachhochschule für Gestaltung Jllustration studiert und arbeitet inzwischen in einem Atelier zusammen mit 12 anderen Jllustratoren. „Ene mene muh, was denkst du?" ist das erste Buch, das sie illustriert hat.